SPASS MIT HIEROGLYPHEN

VON CATHARINE ROEHRIG
DEUTSCHE FASSUNG VON PROF. DR. DIETER KURTH

THE METROPOLITAN MUSEUM OF ART

TESSLOFF

Nach FUN WITH HIEROGLYPHS von Catharine Roehrig, 1990 veröffentlicht von The Metropolitan Museum of Art, New York. Alle Rechte vorbehalten.

Copyright © 1991 Tessloff Verlag, Nürnberg
Copyright © 1990 The Metropolitan Museum of Art, New York

Deutsche Bearbeitung: Professor Dr. Dieter Kurth

Hieroglyphen und Karte: William Schenck
Titelillustration: Beth Jennings
Entwurf: Miriam Berman

ISBN 3-7886-0128-0

Bildnachweise:

Seite 1: Rogers Fund, 1911 (11.150.15a). Seite 21: Rogers Fund, 1930 (30.4.48). Seite 23: Geschenk von J. Pierpont Morgan, 1912 (12.183.8). Seite 24: Harris Brisbane Dick Fund, 1967 (67.3). Seite 41: Anonymes Geschenk, 1931 (31.4.1). Seite 42: Museumserwerbung (OC 2335). Seite 43: Rogers Fund, 1923 (23.3.4). Seite 44: Geschenk von Edward S. Harkness, 1928 (28.9.5). Seite 45: Rogers Fund, 1911 (11.150.15a). Seite 46: Rogers Fund, 1922 (22.3.518). Seite 49: Freundliche Genehmigung des British Museum (BM 24). Seite 53: Emily Esther Sears Fund. Freundliche Genehmigung Museum of Fine Arts, Boston (MFA 03.1631). Seite 54: Rogers Fund, 1911 (12.184). Seite 60: Geschenk von Herrn und Frau J. J. Klejman, 1964 (64.100).

Titelseite: Die Augen des Horus. Detail des äußeren Sarges der Nephthys. 12. Dynastie (1991–1786 v. Chr.). Bemaltes Holz.

DIESES BUCH GEHÖRT*

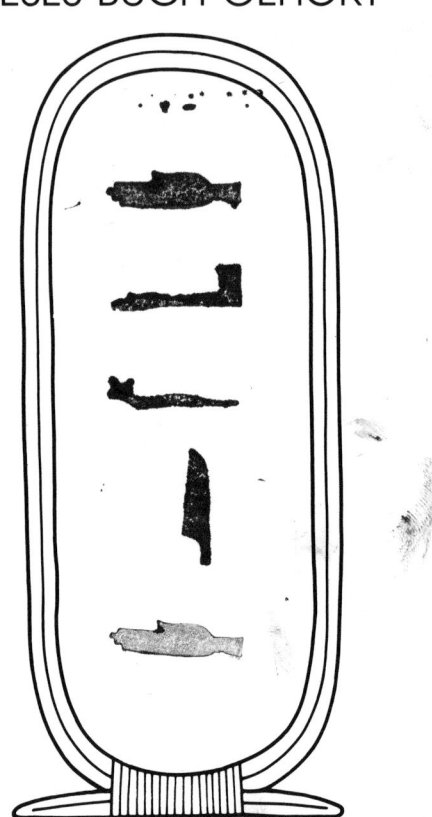

*Willst du wissen, wie du deinen Namen in Hieroglyphen stempelst, dann beginne auf Seite 25 zu lesen.

INHALT

Einleitung	4
Das hieroglyphische Alphabet	6
Wie die Hieroglyphen angeordnet werden	22
Wir stempeln geheime Botschaften	32
Andere Hieroglyphen	35
Der ägyptische Schreiber	40
Druckschrift und Schreibschrift	45
Die Hieroglyphen werden entziffert	48
Hieroglyphen und Magie	53
Zahlen, ägyptische Zeitrechnung	56
Auflösung der Rätsel	61

Einleitung

Vor ungefähr 5000 Jahren, in der Nordostecke Afrikas, da begannen die Menschen, die im Niltal lebten, ihre Sprache durch Schrift festzuhalten. Wie die meisten frühen Kulturen am Anfang der Schrifterfindung benutzten auch die Ägypter, um ihre Sprache niederzuschreiben, Bilder. Diese Bildzeichen konnten schließlich auch Laute wiedergeben. Sie wurden bekannt als Hieroglyphen, oder „heilige Inschriften", weil sie oft auf die Wände der Tempel geschrieben wurden.

Die Ägypter verwendeten die hieroglyphische Schrift ungefähr 3500 Jahre lang, die letzte Inschrift stammt aus der Zeit um 400 n. Chr. Von da an wurde die ägyptische Sprache mit dem griechischen Alphabet geschrieben, erweitert um einige zusätzliche Buchstaben für Laute, die es im Griechischen nicht gab: „Koptisch" nennt man diese Schrift, ebenso wie die Sprachstufe dieser Zeit. Später wurde Koptisch durch Arabisch ersetzt, die Sprache, die heute in Ägypten gesprochen wird. Da es nun niemanden mehr gab, der wußte, wie Altägyptisch gelesen, geschrieben oder gesprochen wurde, starb diese Sprache aus. Alleine die Hieroglyphen blieben übrig, um uns zu erzählen, daß die altägyptische Sprache jemals existierte.

Über 1000 Jahre lang waren Ägyptenreisende von den geheimnisvollen Zeichen fasziniert, die sie auf den Wänden der Tempel und Gräber sahen. Weil ihnen niemand die Bedeutung der Hieroglyphen sagen konnte, erfanden sie phantastische Übersetzungen. Sie dachten, die hieroglyphischen Texte enthielten Zaubersprüche und beschrieben geheime religiöse Bräuche.

Der Schlüssel zur Entzifferung der Hieroglyphen – der Stein von Rosetta – wurde im Jahre 1799 in Ägypten aus dem Boden geborgen. 23 Jahre später war es ein junger Franzose, Jean-François Champollion, der als erster Mensch unserer Tage die altägyptische Sprache lesen konnte.

Wenn du dieses Buch zu Ende gelesen hast, wirst du (anders als die Reisenden längst vergangener Zeit) in der Lage sein, viele der Hieroglyphen zu erkennen und auszusprechen, die du in ägyptischen Inschriften auf Fotografien und in den Museen siehst. Du wirst sogar die Namen einiger Pharaonen lesen können. Die Hieroglyphen in diesem Spiel geben Laute wieder, und wenn du sie einmal kennst, wirst du so weit sein, daß du Sätze stempeln kannst, indem du Zeichen dieser wunderschönen alten Schrift benutzt.

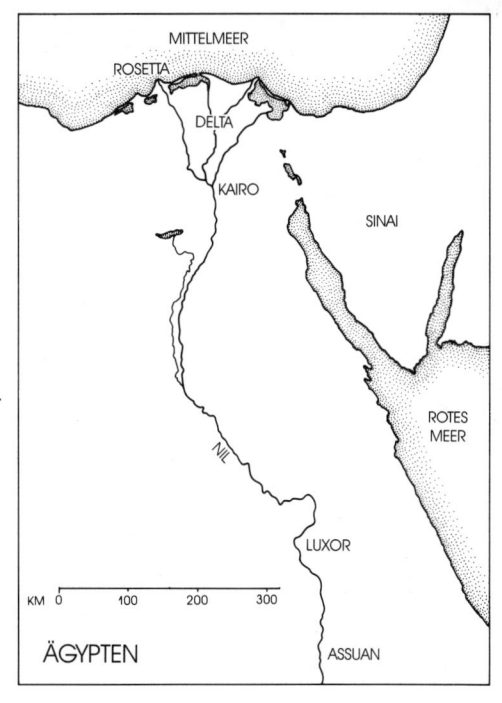

Das hieroglyphische Alphabet
Laute von „A" bis „TS"

Wenn du dir ägyptische Hieroglyphen auf einer Statue, einer Wand oder in einem Buch ansiehst, dann könntest du denken, daß jede Hieroglyphe einem Wort entspricht. In einigen wenigen Fällen hättest du recht. Einige Hieroglyphen bedeuten nämlich tatsächlich das, was sie darstellen. Zum Beispiel hat ein Bild der Sonne (gewöhnlich wiedergegeben als ein Kreis mit einem Punkt in der Mitte) die Bedeutung Sonne.

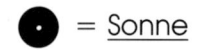

● = Sonne

Die Hieroglyphenschrift ist jedoch mehr als eine Bilderschrift. Obwohl sie anfangs vermutlich nur als Bilder verwendet wurden, übernahmen schließlich die meisten Hieroglyphen einen Lautwert.

Wenn du darüber nachdenkst, wirst du verstehen, warum das notwendig war. Es gibt viele Wörter und Vorstellungen, die sich nicht mit einem einfachen Bild darstellen lassen. Wie würdest du zum Beispiel das Wort sehen abbilden? Du könntest ein Auge malen, das aber könnte vieles bedeuten. Es könnte bedeuten Auge, schauen oder sehen. Du könntest auch ein anderes Wort suchen, das wie sehen klingt, und davon ein Bild malen. Nimm zum Beispiel das Wort See in der Mehrzahl, also (die) Seen. Aber ein Bild mehrerer Seen könnte dich zu den Wörtern Seen, Teiche, Tümpel oder gar Gewässer führen. Eindeutiger ließe sich das Wort sehen schreiben, wenn man alle seine Laute mit „Buchstaben" wiedergäbe. Die meisten Hieroglyphen, die du in der ägyptischen Schrift siehst, werden benutzt, um Wörter lautlich wiederzugeben.

24 Hieroglyphen geben die einzelnen Laute wieder, die man in der altägyptischen Sprache vorfindet. Diese Hieroglyphen werden benutzt wie die Buchstaben unseres Alphabets. Die Hieroglyphe 🦉 zum Beispiel, eine Eule, steht für den Laut m, nicht für das Wort Eule. Die Hieroglyphe 🧺, ein Korb, steht für den Laut k, nicht für das Wort Korb.

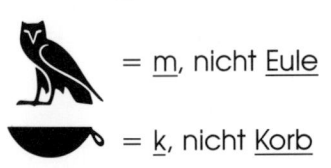

🦉 = m, nicht Eule

🧺 = k, nicht Korb

In vielen Fällen geben eine Hieroglyphe und ein Buchstabe denselben Laut wieder. Das ist aber nicht immer der Fall. Deutsch und Altägyptisch gehören nicht zur gleichen Sprachfamilie. Deshalb gibt es einige Laute, die die Alten Ägypter benutzten, nicht in unserem Alphabet, und einige unserer Laute gibt es nicht im ägyptischen. Als Beispiel dafür geben die Hieroglyphen der nächsten Seite Laute wieder, die man im Deutschen nicht findet.

HIEROGLYPHE	LAUT	ÄHNLICHSTER DEUTSCHER LAUT
	Mitlaut (Konsonant), der den Einsatz der Stimme bezeichnet, zum Beispiel den Knacklaut zwischen den a in „Ja aber"	ä, in ächzen
	Mitlaut (Konsonant), wie der arabische Buchstabe ع (´ain); ein Laut, der tief in der Kehle gebildet wird	a, in beackern (in sächsischem Dialekt)
	ein stark gehauchtes h	h, in „Ha, hab' ich dich!"
	wie der arabische Buchstabe ق (ḳāf); ein k Laut, der tief in der Kehle gebildet wird	k
	Kombination aus d und stimmhaftem (weichem) sch	dsch, in joggen (nur in Fremdwörtern)

Es gibt auch einige deutsche Buchstaben, die wie andere Buchstaben klingen. So klingt zum Beispiel das c in Carmen wie k, und im Namen der Stadt Celle klingt das c wie z.

DEUTSCHE BUCHSTABEN	LAUTE	HIEROGLYPHEN
c wie in Carmen	k	
c wie in Celle	ts	
st wie in Stein	scht	
v wie in Vater	f	
x wie in Axt	ks	

In der deutschen Sprache gibt es zwei Laute, welche die altägyptische Sprache nicht kennt, den Laut l und das stimmhafte (weiche) sch. Das stimmhafte sch findet man in Fremdwörtern wie zum Beispiel in Pa<u>g</u>e, Ga<u>g</u>e oder Gara<u>g</u>e. Willst du diese beiden Laute in Hieroglyphen schreiben, dann verwende folgende Zeichen:

DEUTSCHE BUCHSTABEN	ÄHNLICHSTE LAUTE	HIEROGLYPHEN
r und l	klingen wie r	👄
g	Kombination aus weichem h und sch	🏛

Die vielen deutschen Umlaute und Doppellaute können mit Hieroglyphen nur sehr ungenau wiedergegeben werden. Für diese Laute, nämlich ä, ai, au, äu, ei, eu, ö, y und ü, wurden meist Kombinationen verschiedener Hieroglyphen geschaffen.

Eine einzige dieser Kombinationen kann mehrere Umlaute oder Doppellaute wiedergeben, wenn diese gleich oder ähnlich klingen. Siehe dazu die folgende Tabelle:

DEUTSCHE BUCHSTABEN	EINZELLAUT ODER LAUTKOMBINATIONEN	HIEROGLYPHEN
ä		
ai, ei	a + i	
au	a + u	
äu, eu, ö	o + i	
y, ü	u + i	

Kannst du diese Wörter den Hieroglyphen richtig zuordnen? Sprich jedes Wort und achte dabei genau auf den ch-Laut.

(Die Lösung steht auf Seite 61.)

Teich

Buch

Strauch

Knecht

Loch

Auf den folgenden Seiten findest du eine Liste der Buchstaben unseres Alphabets und der Laute, die sie wiedergeben. Direkt neben jedem Buchstaben siehst du die Hieroglyphe, welche unserem deutschen Laut am nächsten kommt. In vielen Fällen entspricht dem deutschen Buchstaben nur eine einzige Hieroglyphe. Des öfteren jedoch findest du mehr als eine Hieroglyphe hinter einem Buchstaben. Das liegt daran, daß der betreffende Buchstabe mehr als einen Laut hat, daß er also verschieden ausgesprochen wird, je nach dem Wort, in dem er gebraucht wird. Denke daran, es ist der Laut, der wichtig ist, wenn du versuchst, etwas im hieroglyphischen Alphabet zu schreiben.

	HIEROGLYPHE	ALS BILD	ALS LAUT	ERKLÄRUNGEN
A		Unterarm	B<u>a</u>ll, R<u>a</u>d	Benutze den Arm für <u>a</u>-Laute in Wörtern wie B<u>a</u>ll und R<u>a</u>d.
Ä		Geier	B<u>ä</u>lle, B<u>ä</u>r	Benutze den Geier für die <u>ä</u>-Laute in Wörtern wie B<u>ä</u>lle und B<u>ä</u>r.
AI		Unterarm u. blühendes Schilf	K<u>ai</u>ser, M<u>ai</u>,	Die Umlaute lassen sich zumeist nur durch die Kombination zweier Hieroglyphen wiedergeben, und dann auch nur ungefähr.
AU		Unterarm und Wachtelküken	B<u>au</u>ch, M<u>au</u>er	Siehe oben bei <u>ai</u>.
ÄU		Wachtelküken u. blühendes Schilf	B<u>äu</u>me, Tr<u>äu</u>me	Siehe oben bei <u>ai</u>.
B		Fuß	<u>B</u>ein, Nar<u>b</u>e	
C		Korb	<u>C</u>amping, <u>C</u>lown	Benutze den Korb bei einem <u>c</u>, das wie <u>k</u> klingt.
C		Brotlaib u. gefaltetes Tuch	<u>C</u>ircus, <u>C</u>elsius	Kombiniere den Brotlaib (<u>t</u>) und das gefaltete Tuch (<u>s</u>), um das <u>C</u> (ts) zu schreiben in Wörtern wie <u>C</u>ircus und <u>C</u>elsius.
C		Weidestrick	<u>C</u>ello, <u>C</u>embalo	Benutze den Weidestrick, wenn <u>c</u> wie <u>tsch</u> klingt.

	HIEROGLYPHE	ALS BILD	ALS LAUT	ERKLÄRUNGEN
CH		Tierleib mit Zitzen und Schwanz	He<u>ch</u>t, Li<u>ch</u>t	Benutze den Tierleib für den ch-Laut bei hellen Selbstlauten wie z. B. e und i.
		unbekannt	Bu<u>ch</u>e, Na<u>ch</u>t	Benutze das Zeichen für den ch-Laut bei dunklen Selbstlauten wie z. B. u und a.
		Korb	<u>Ch</u>arakter, O<u>ch</u>se	Benutze den Korb, wenn ch wie k klingt.
		Teich	<u>Ch</u>ance, <u>Ch</u>ef	Benutze den Teich, wenn ch wie sch klingt.
		Weidestrick	<u>Ch</u>arlie, <u>Ch</u>icago	Benutze den Weidestrick, wenn ch wie tsch klingt.
CK		zwei Körbe	Fle<u>ck</u>, Zu<u>ck</u>er	
D		Hand	<u>D</u>ach, Hun<u>d</u>	
E		blühendes Schilf	<u>E</u>sel, N<u>e</u>bel	Benutze das blühende Schilf zweimal bei langem hellen e.
		Geier	B<u>e</u>rg, L<u>e</u>rche	Benutze den Geier bei einem e, das wie ä klingt.
		blühendes Schilf	Lerch<u>e</u>, Nebe<u>l</u>	Benutze das blühende Schilf einmal bei einem e, das nur gemurmelt wird.

	HIEROGLYPHE	ALS BILD	ALS LAUT	ERKLÄRUNGEN
EI		Unterarm und blühendes Schilf	Eimer, Reiter	Siehe oben bei <u>ai</u>.
EU		Wachtelküken u. blühendes Schilf	Euter, Heu	Siehe oben bei <u>ai</u>.
F		Hornviper	Feder, Schilf	
G		Topfständer	Gans, Waage	
		Tierleib mit Zitzen und Schwanz	König, Seligkeit	Benutze den Tierleib, wenn g im Auslaut wie ch klingt.
		Kobra	Gentleman, Gin	Benutze die Kobra, wenn g wie dsch klingt.
		Mattenschutz im Feld und Teich	Garage, Genie	Kombiniere den Mattenschutz (h) und den Teich (sch), um das stimmhafte sch zu schreiben in Wörtern wie Garage und Genie.
H		Docht	Hemd, Hose	Benutze den Docht, wenn der h-Laut deutlich gehaucht wird.
		Mattenschutz im Feld	Kohle, Zahn	Benutze den Mattenschutz, wenn das h nicht gehört wird und nur den vorangehenden Selbstlaut verlängert.

	HIEROGLYPHE	ALS BILD	ALS LAUT	ERKLÄRUNGEN
I		blühendes Schilf	B<u>i</u>ld, <u>I</u>ltis	Benutze das blühende Schilf nur einmal, wenn der i-Laut kurz klingt.
IE		blühendes Schilf	Kn<u>ie</u>, L<u>ie</u>be	Benutze das blühende Schilf zweimal, wenn der i-Laut lang klingt, auch in Wörtern wie z. B. Maschine
J		blühendes Schilf	<u>J</u>unge, Ben<u>j</u>amin	Benutze das blühende Schilf zweimal in Wörtern wie Junge und Benjamin.
		Kobra	Ban<u>j</u>o, <u>J</u>eans	Benutze die Kobra, wenn j wie dsch klingt.
K		Korb	<u>K</u>orb, <u>K</u>rake	
L		offener Mund	Fa<u>l</u>ke, <u>L</u>öwe	
M		Eule	Ka<u>m</u>el, <u>M</u>aus	
N		Wasser	E<u>n</u>te, <u>N</u>ase	
O		Wachtelküken	<u>O</u>hr, R<u>o</u>st	Benutze das Wachtelküken für die o-Laute in Wörtern wie Ohr und Rost.

HIEROGLYPHE		ALS BILD	ALS LAUT	ERKLÄRUNGEN
Ö		Wachtelküken u. blühendes Schilf	M*ö*we, *Ö*se	Siehe oben bei *ai*.
P		Mattenstuhl	*P*uma, *P*umpe	
PH		Hornviper	*Ph*arao, Stro*ph*e	
QU		Böschung u. Wachtelküken	Kaul*qu*appe, *Qu*alle	Kombiniere die Böschung (q) und das Wachtelküken (w), um das *qu* zu schreiben in Wörtern wie Kaul*qu*appe und *Qu*alle.
R		offener Mund	*R*ind, To*r*	
S		Türriegel	*S*äge, Wie*s*e	Benutze den Türriegel, wenn der s-Laut stimmhaft ist (weich klingt).
S		gefaltetes Tuch	A*s*t, We*s*pe	Benutze das gefaltete Tuch, wenn der s-Laut stimmlos ist (hart klingt).
ß/SS		gefaltetes Tuch	Ru*ß*, Stra*ß*e	Benutze das gefaltete Tuch zweimal bei ß und Doppel-s.
SCH		Teich	*Sch*ule, Ta*sch*e	

HIEROGLYPHE		ALS BILD	ALS LAUT	ERKLÄRUNGEN
SP		Teich und Mattenstuhl	<u>Sp</u>iel, <u>Sp</u>inne	Kombiniere den Teich (<u>sch</u>) und den Mattenstuhl (<u>p</u>), um das <u>sp</u> (<u>schp</u>) zu schreiben in Wörtern wie <u>Sp</u>iel und <u>Sp</u>inne.
ST		Teich und Brotlaib	<u>St</u>ein, <u>St</u>orch	Kombiniere den Teich (<u>sch</u>) und den Brotlaib (<u>t</u>), um das <u>st</u> (<u>scht</u>) zu schreiben in Wörtern wie <u>St</u>ein und <u>St</u>orch.
T		Brotlaib	Flö<u>t</u>e, <u>T</u>opf	
TH		Brotlaib	Me<u>th</u>ode, <u>Th</u>eater	Benutze den Brotlaib (<u>t</u>) auch für <u>th</u>, wenn das <u>h</u> nicht gesprochen wird.
U		Wachtelküken	F<u>u</u>chs, <u>U</u>h<u>u</u>	
Ü		Wachtelküken u. blühendes Schilf	M<u>ü</u>cke, R<u>ü</u>be	Siehe oben bei <u>ai</u>.
V		Hornviper	Moti<u>v</u>, <u>V</u>ater	Benutze die Hornviper, wenn <u>v</u> wie <u>f</u> klingt.
V		Wachtelküken	Skla<u>v</u>e, <u>V</u>irus	Benutze das Wachtelküken, wenn <u>v</u> wie <u>w</u> klingt.
W		Wachtelküken	Sch<u>w</u>albe, <u>W</u>asser	

	HIEROGLYPHE	ALS BILD	ALS LAUT	ERKLÄRUNGEN
X		Korb und gefaltetes Tuch	He_x_e, Lu_x_us	Kombiniere den Korb (k) und das gefaltete Tuch (s), um das x (ks) zu schreiben in Wörtern wie He_x_e und Lu_x_us.
Y		Wachtelküken u. blühendes Schilf	Ph_y_sik, P_y_ramide	Kombiniere Wachtelküken (u) und blühendes Schilf (i), wenn y wie ü klingt.
		blühendes Schilf	_Y_acht, _Y_oga	Benutze das blühende Schilf zweimal, wenn y wie j klingt.
		blühendes Schilf	Bab_y_, Grizzl_y_bär	Benutze das blühende Schilf, wenn y wie i klingt.
Z		Brotlaib und gefaltetes Tuch	Her_z_, _Z_ahn	Kombiniere Brotlaib (t) und gefaltetes Tuch (s), um z (ts) zu schreiben in Wörtern wie Her_z_ und _Z_ahn.

Kannst du diese Wörter in Hieroglyphen stempeln?

(Die Lösungen findest du auf Seite 61.)

an	Motor	Essen	Sport	Hund
Katze	Käse	Mappe	Kinn	Tip
zu	Kuß	Baum	Wachs	Zucker

Löse dieses Worträtsel!

(Die Lösungen findest du auf S. 61.)

Diese Ägypter sind auf Fischfang. Betrachte die Malerei und versuche zu erkennen einen Mann (🦉 — 〰️), einen Vogel (— 🦅 ᴑ | ⬮), einen Fisch (— | ▭), eine Katze (⌒ — ⬮ ⬮ ∩ |), ein Krokodil (⌒ ⬮ 🦅 ⌒ 🦅 — | ⬮), eine Lilie (⬮ | | ⬮ | |), eine Gans (ᴑ — 〰️ ∩), einige Eier (— | 🦅 ⬮) und den Fluß (— ⬮ 🦅 ∩ ∩). Nun jage nach diesen Wörtern im Hieroglyphenrätsel. Wenn du ein Wort findest, kreise es ein. Du kannst von links nach rechts lesen, senkrecht oder diagonal, doch überspringe keine Hieroglyphe. Ein Wort (Mann) ist bereits vorgegeben.

Ausschnitt eines Aquarells, das eine Malerei in einem thebanischen Grab wiedergibt.
18. Dynastie (1559–1320 v. Chr.).

21

Wie die Hieroglyphen angeordnet werden

VON LINKS NACH RECHTS   S   S   VON RECHTS NACH LINKS
                                                  E   E
                                                  N   N
              &nbsbsp;   K   K
                                                  R   R
                                                  E   E
                                                  C   C
                                                  H   H
                                                  T   T

Im Unterschied zu den Buchstaben unseres Alphabets können die Hieroglyphen in mehr als nur eine Richtung geschrieben werden: von links nach rechts wie das Deutsche oder von rechts nach links wie das Arabische und das Hebräische oder in Kolumnen von oben nach unten wie das Chinesische. Du kannst die Schriftrichtung an den Tieren, Pflanzen und Menschen erkennen. Blicken diese nach links, beginne links zu lesen. Blicken sie nach rechts, beginne rechts. Anders gesagt: Lies in Richtung auf die Gesichter.

In welche Richtung ein hieroglyphischer Text geschrieben wurde, hing von der Art des Textes und davon ab, wozu er benutzt wurde. Wenn die alten Ägypter lange Texte schrieben (zum Beispiel amtliche Urkunden oder lange Berichte ohne Illustrationen), dann schrieben sie in der Regel so, daß die Hieroglyphen nach rechts blickten. Der Text wurde dann, abweichend vom Deutschen, von rechts nach links gelesen. Wenn aber eine Inschrift zur Dekoration eines Gebäudes dienen sollte, dann schrieben

Stele des Neferiu. 9. Dynastie (2160–2130 v. Chr.). Bemalter Kalkstein.

die Ägypter die Hieroglyphen oft in verschiedene Richtungen.

Die Hieroglyphen auf dieser Fotografie zeigen dir, wie das geht. In der unteren Hälfte dieser Steintafel, oder Stele, siehst du eine Nische (das vertiefte Rechteck in der Mitte), die eine Türe darstellt. Die Hieroglyphen und die Personen beiderseits der Türe sind auf diese symmetrisch ausgerichtet. (Betrachte genau die Tiere, Pflanzen und Menschen. Diejenigen auf der rechten Seite blicken nach links, diejenigen auf der linken Seite blicken nach rechts.).

Wenn ein hieroglyphischer Text zu einer Szene gehört, die mehr als eine Person enthält, dann kann dir die Blickrichtung der Hieroglyphen dabei helfen, zu bestimmen, welcher Teil

Ausschnitt der Stele des Ptahmose. Frühe 19. Dynastie (ca. 1300 v. Chr.). Kalkstein.

des Textes zu welcher Person gehört. Auf dieser Stele ist ein Mann mit erhobenen Armen abgebildet, der dem Gott Osiris, dem Herrscher der Unterwelt, ein Opfer bringt. Die beiden kurzen Textkolumnen vor Osiris geben den Namen und die Titel des Gottes an. Sie blicken nach rechts, wie Osiris. Die sechs Textkolumnen in der rechten Hälfte der Szene nennen den Namen und die Titel des Mannes, beschreiben, wie er den Gott verehrt, und sagen, worum er den Gott bittet. Wie der Mann, so blicken auch diese Hieroglyphen nach links. Fast immer kannst du angeben, welcher Teil des Textes sich auf welche Person bezieht, weil die Person und die Hieroglyphen in dieselbe Richtung blicken.

Wenn die Ägypter ein Wort in Hieroglyphen schrieben, dann schrieben sie nicht einfach nur eine Hieroglyphe hinter die andere. Sie ordneten vielmehr die Hieroglyphen wohlüberlegt an, damit diese reizvoll aussahen. Wenn zum Beispiel ein alter Ägypter den Namen Frank hieroglyphisch geschrieben hätte, hätte er ihn nicht so geschrieben:

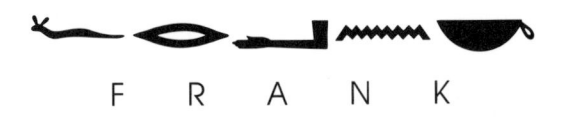

F R A N K

Wahrscheinlich hätte er die Hieroglyphen zusammengerückt und sie so geschrieben:

F N
R A K

Das spart nicht nur Platz, es sieht auch hübscher aus. Wenn du selbst Botschaften stempelst und diejenigen liest, die du von Freunden empfängst, denke daran, daß man Hieroglyphen senkrecht schreiben kann (von oben nach unten) ebenso wie waagerecht. Steht eine Hieroglyphe über einer anderen, lies stets zuerst die obere.

Kannst du diese Namen lesen?
Die Zahlen sagen dir, welche Reihenfolge du einhalten solltest.
(Auflösung auf Seite 62.)

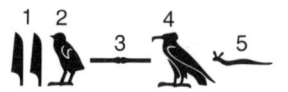

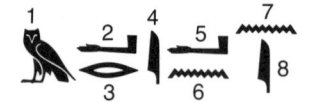

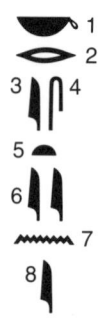

Versuche nun, deinen eigenen Namen zu stempeln, sowohl waagerecht als auch senkrecht. Entscheide zunächst, welche Hieroglyphen du benötigst, indem du genau auf den Klang und die Laute deines Namens achtest. SABINE zum Beispiel enthält ein kurzes a, ein langes i und ein gemurmeltes e.

Entscheide nun, in welcher Anordnung die Hieroglyphen, die du gewählt hast, am besten aussehen. Sabine kann auf verschiedene Weise geschrieben werden:

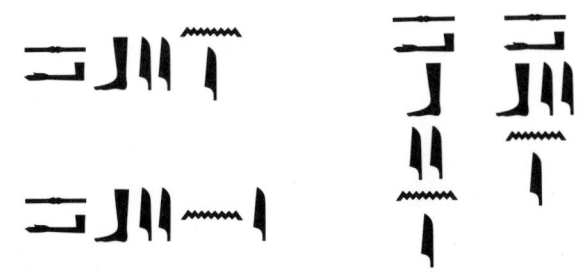

Wie die alten Ägypter, so kannst auch du unbedeutende Selbstlaute (Vokale) auslassen, wenn du möchtest. Hier wird das a ausgelassen:

Wenn dein Name sehr lang ist, möchtest du ihn vielleicht verkürzen.

ALEXANDER = ALXANDR

FRIEDERIKE = FRIEDRIKE

Nun kannst du deinen Namen in die Kartusche stempeln, die du ganz am Anfang dieses Buches findest. (Eine Kartusche ist ein zweimal gerollter Strick, der an einem Ende zusammengebunden wurde. Im Alten Ägypten wurde der Name Pharaos in eine Kartusche geschrieben.)

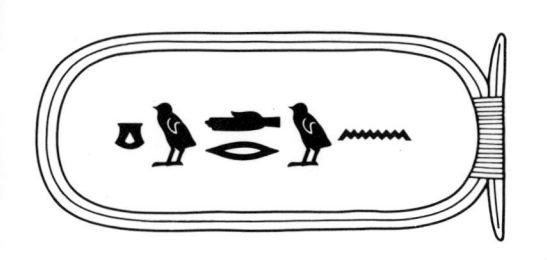

Hier ist der Name Gudrun in vier verschiedenen Schreibweisen innerhalb einer Kartusche geschrieben.

Da die Vögel und Tiere auf den Hieroglyphenstempeln nach links blicken, kannst du sie nur dazu benutzen, Wörter von links nach rechts zu schreiben, oder von oben nach unten. Wenn du aber nun von rechts nach links schreiben willst, wie es die Ägypter oft taten, dann mußt du lernen, 15 der Hieroglyphen selbst zu zeichnen. Hier sind sie, ausgerichtet nach rechts. Übe zunächst, indem du die Hieroglyphen durchzeichnest. Versuche anschließend, sie freihand zu zeichnen.

Die anderen neun Hieroglyphen des Stempelsatzes sind symmetrisch und können für beide Schriftrichtungen benutzt werden.

Kannst du diese Wörter den Hieroglyphen richtig zuordnen? (Auflösung auf Seite 62.)

Nixe

Sphinx

Richter

Königin

Nachbar

Wetter

genug

Wir stempeln geheime Botschaften
Nicht für fremde Augen

Nun weißt du alles, was du wissen mußt, um deinen Freunden mit Hilfe der hieroglyphischen Stempel geheime Botschaften und Briefe zu schreiben. Vorher jedoch mußt du deinen Freunden den Schlüssel zur Entzifferung geben, damit sie lesen können, was du schreibst. Dazu mußt du eine Liste anfertigen, welche die 24 Hieroglyphen des Alphabets und deren Lautwerte enthält. Du kannst die Tabelle fotokopieren, die sich innen auf dem Kastendeckel dieses Spieles befindet. Du kannst dir auch eine eigene Tabelle anlegen, indem du die Hieroglyphen stempelst und neben jede von ihnen die Laute schreibst, die sie wiedergibt. Mache Fotokopien deiner Tabelle, um sie deinen Freunden zu schicken.

Hier ein paar Wörter, die du in deinen Botschaften verwenden kannst.

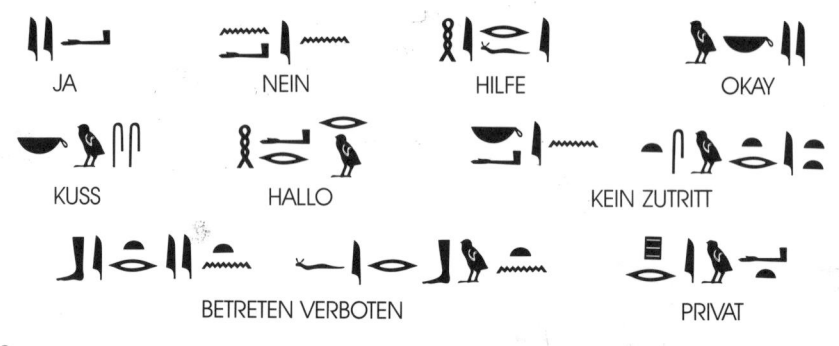

JA   NEIN   HILFE   OKAY

KUSS   HALLO   KEIN ZUTRITT

BETRETEN VERBOTEN   PRIVAT

Du kannst auch Grußkarten stempeln. Hier sind einige Grüße, mit denen du es vielleicht einmal versuchen möchtest:

ZUM MUTTERTAG ALLES GUTE

HERZLICHEN GLÜCKWUNSCH ZUM GEBURTSTAG

FROHES NEUES JAHR

VIELEN DANK

ICH VERMISSE DICH

VIEL GLÜCK

BALDIGE GENESUNG

GLÜCKWUNSCH

ICH DENKE AN DICH

KOMME ZUR PARTY

Mit Hilfe der hieroglyphischen Stempel kannst du auch persönliche Vermerke auf Briefumschläge setzen. Hier ein paar Beispiele:

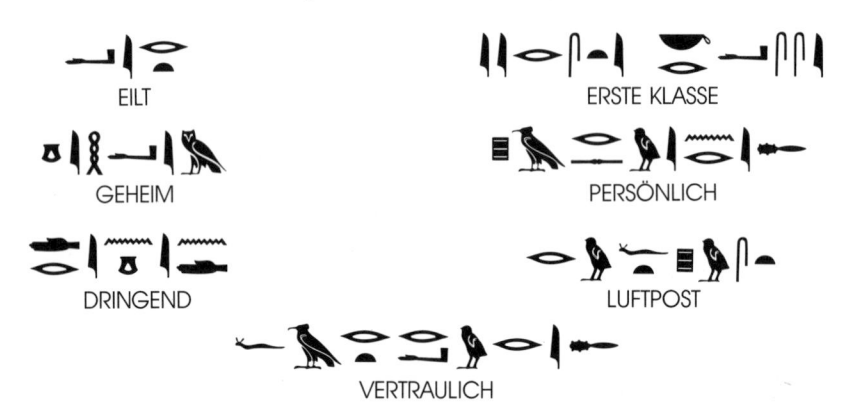

EILT

ERSTE KLASSE

GEHEIM

PERSÖNLICH

DRINGEND

LUFTPOST

VERTRAULICH

Kannst du diesen Satz lesen? (Lösung auf Seite 62.)

Andere Hieroglyphen
Hinweise und Abkürzungen

Wenn ein ägyptischer Schreiber ein Wort schrieb, dann ließ er die Selbstlaute (Vokale) aus und schrieb nur die Mitlaute (Konsonanten). Kannst du dir vorstellen, wie mühsam es wäre, Deutsch zu lesen, wenn wir die Selbstlaute ausließen? Schreibe ohne Selbstlaute einen kurzen Satz nieder und probiere aus, ob jemand anders ihn verstehen kann. Es könnte sein, daß selbst du ihn nach einigen Minuten nicht mehr verstehen. kannst.

Wie könnten wir den Unterschied zwischen den Wörtern Weg und Waage erkennen, wenn sie nur Wg geschrieben würden? Die Ägypter lösten dieses Problem, indem sie eine Methode erfanden, mit der sie die Bedeutung eines Wortes anzeigen oder zumindest dem Leser einen Hinweis auf seine Bedeutung geben konnten: Sie benutzten das, was wir Determinative nennen. Das sind Hieroglyphen, die am Ende eines Wortes geschrieben werden, um dessen allgemeine Bedeutung anzuzeigen. So wurde zum Beispiel die Hieroglyphe ⊗, die ein Dorf mit Straßenkreuzung wiedergibt, nach dem Namen eines Dorfes geschrieben, nach dem Namen einer Stadt oder sogar eines Landes. Auf die gleiche Art wurde der Name einer Frau mit der Hieroglyphe 𓁐 gekennzeichnet, und der Name eines Mannes mit der Hieroglyphe 𓀀.

Auf der nächsten Seite findest du einige der Hieroglyphen, welche die Ägypter als Determinative benutzten.

HIEROGLYPHE	ALS BILD	BENUTZT BEI DEN WÖRTERN
𓀀	sitzender Mann	Mann, Person, Namen
𓁐	sitzende Frau	Frau, Namen
𓀁	Mann mit Hand am Mund	essen, trinken, sprechen
⊗	Dorf mit Straßenkreuzung	Stadt, Land, Namen
●	Sonne	Sonne, Licht, Zeit
⌷	Hausgrundriß	Haus, Gebäude
〰〰〰	Wasser	Wasser, Flüssigkeit
Λ	schreitende Beine	schreiten, laufen, gehen
⎯⎯	Papyrusrolle	schreiben, Buch, abstrakte Begriffe
𓅭	Spießente	Ente, Vogel
I I I	drei Striche	Mehrzahl (Plural)
👁	Auge	sehen

Ein anderes Determinativ, ein einzelner Strich ı, ist sehr gebräuchlich. Es sagt dir, daß die zugehörige Hieroglyphe als Bild zu lesen ist. Der Unterarm ⎯⎦ gibt gewöhnlich einen Laut wieder und wird als Buchstabe benutzt, aber mit einem Strich geschrieben hat ⊤ die Bedeutung <u>Arm</u>. Determinative haben keinen Lautwert; sie geben nur einen Hinweis auf die Bedeutung des Wortes.

lg 〰〰〰 = Lauge

lg 𓀀 = Lüge

lg ⬜ = Loge

lg ⎯⎯ = Lage

Kannst du diese Wörter lesen? Die Determinative geben dir Hinweise, wenn du es versuchen möchtest. (Die Lösungen stehen auf Seite 62.)

1. mssssspp 〰
2. brln ⊗
3. gbd ⬜
4. gns 🦆
5. dnl 𓀀
6. dnl 𓆑
7. lfn Λ
8. mrks 𓀀
9. mrkt ⬜
10. rdn 𓀀
11. hgn ⊗
12. hgn 𓀀
13. hft ⎯⎯
14. tg ●
15. pffn 𓀀
16. ghn Λ
17. shn 〰
18. shn 👁
19. rnnn Λ
20. msk ⊗
21. vl ııı
22. sngn 𓀀
23. nwyrk ⊗
24. prs ⊗

Nun kennst du die alphabetischen Hieroglyphen und einige Determinative. Aber du wirst wohl bemerkt haben, daß es noch viele Hieroglyphen gibt, die du nicht kennst. Mehr als 6000 Hieroglyphen hat man inzwischen bestimmt. Zum Glück für die Schreiber (und für heutige Studenten der altägyptischen Sprache) wurden in einer Epoche aber nur etwa 700 Hieroglyphen gleichzeitig benutzt, und nur etwa 250 davon häufig.

Einige dieser Hieroglyphen geben nicht nur einen, sondern zwei Laute wieder, man nennt sie Zweikonsonantenzeichen. Andere geben drei Laute wieder und heißen Dreikonsonantenzeichen. Ein Zweikonsonantenzeichen ist zum Beispiel ⇔, der Korb ohne Henkel, der die Laute n ⁓ und b ⌡ wiedergibt, zusammen also neb. (Den Selbstlaut e fügt man zur leichteren Aussprache hinzu.) Das Zeichen ♡, ein Herz mit Luftröhre, ist ein Dreikonsonantenzeichen und trägt die Laute n ⁓, f ⌐ und r ⇔, zusammen, also nefer. Hier sind noch einige weitere Mehrkonsonantenzeichen:

HIEROGLYPHEN	ALS BILD	LAUTE	AUSSPRACHE
🦆	Ente	s + a*	sa
⊔	erhobene Arme	k + a*	ka
▭	Hausgrundriß	p + r	per
🪲	Käfer	ch + p + r	cheper
⚲	Sandalenriemen	a + n + ch	anch
⊥	Opfertafel mit Brot	h + t + p	hetep

*a als Aussprache der Wissenschaft; in diesem Buch wurde aus bestimmten Gründen ä angesetzt, siehe oben in der Tabelle.

Manchmal benutzt man Zweikonsonantenzeichen alleine, um ganze Wörter wiederzugeben. Manchmal werden sie auch mit anderen Hieroglyphen kombiniert. 🪶 (sa) zum Beispiel bedeutet Sohn, aber 🪶⎯ (sat) bedeutet Tochter. ⌷ (per) bedeutet Haus, aber ⌷ ∧ (pri) bedeutet herausgehen. Drei weitere ägyptische Wörter, die du häufig sehen wirst, sind ⌇ (neb) mit der Bedeutung Herr oder alle, ⊔ (ka) mit der Bedeutung Geist (Ka-Kraft eines Menschen) und ↯⎯ (nesut) mit der Bedeutung König.

Auch Dreikonsonantenzeichen werden alleine oder mit anderen Hieroglyphen benutzt, um ganze Wörter lautlich wiederzugeben. Einige von ihnen überraschen. Wer würde vermuten, daß ein Herz und eine Luftröhre ⚱ (gesprochen: nefer) die Bedeutung schön haben kann? Oder daß ein Käfer 🪲 (gesprochen: cheper) die Bedeutung entstehen haben kann?

Obwohl sie mit den Mehrkonsonantenzeichen Hieroglyphen einsparen konnten, haben die Ägypter oftmals einzelne Laute wiederholt und dadurch mehr Hieroglyphen benutzt, als sie zur Wiedergabe eines Wortes benötigten. So konnten sie das Wort anch, welches Leben bedeutet, entweder ♀ oder ♀⎯ schreiben, also das n und das ch wiederholen. Das Wort hetep, welches Opfer bedeutet, konnte ⎯⎼ oder ⎯⎯ geschrieben werden, also mit Wiederholung des t und des p. Angesichts eines solch komplizierten Schriftsystems kann es nicht verwundern, daß die heutigen Gelehrten viele Jahre benötigten, um zu verstehen, wie man die Hieroglyphen lesen muß!

Der ägyptische Schreiber

Ein ehrenwerter Beruf

Heutzutage halten wir die Kunst des Lesens und Schreibens für selbstverständlich. Man kann sich nur schwer eine Welt vorstellen, in der die meisten Menschen nicht lesen und schreiben können. Aber bis vor ungefähr 100 Jahren beherrschte die überwiegende Mehrzahl der Menschen diese Kunst nicht. Selbst heute gibt es in einigen Teilen der Welt sehr viele Menschen, die niemals die Gelegenheit haben werden, lesen und schreiben zu lernen.

Nur sehr wenige Menschen der Alten Welt konnten lesen und schreiben. Man hielt es nicht für notwendig. Die meisten Menschen lernten nämlich alles, was sie wissen mußten, von ihren Eltern oder von den Alten und Weisen ihrer Städte und Dörfer. Sie lernten nicht aus Büchern. Die meisten Ägypter konnten die langen hieroglyphischen Texte einer Tempelwand ebensowenig lesen wie du.

Im Alten Ägypten waren Lesen und Schreiben das Handwerk oder der Beruf, den ein Schreiber erlernte. Dieser Beruf war oftmals Tradition in einer Familie, so daß der Sohn eines Schreibers ebenfalls Schreiber wurde. Das war so bei den meisten Berufen, auch beim Bauern, Zimmermann und Steinmetz. Manchmal jedoch wurde ein Kind, das Begabung und großes Interesse erkennen ließ, auch in der Kunst des Lesens und Schreibens unterrichtet. Viele dieser Schreiber arbeiteten bei der Regierung und wurden sehr bedeutende Leute.

Diese kleine Statuette zeigt einen sitzenden Schreiber, der auf eine Papyrusrolle schreibt. Sein Schurz ist sorgfältig über seine Knie gezogen worden und bildet eine glatte Fläche, auf der er wie auf einem Tisch schreiben kann. In der rechten Hand hätte er eine Schreibbinse gehalten, und mit der linken konnte er den Papyrus entrollen. Die tiefen Falten auf seinem Oberkörper zeigen an, daß er kein junger Mann mehr ist.

Statuette eines Schreibers,
18. Dyn. (1559–1320 v. Chr.).
Serpentin.

Die Binse, die der Schreiber benutzte, war am Schreibende faserig wie ein Pinsel. Der Schreiber feuchtete diesen Pinsel an und rieb ihn dann auf einer trockenen Paste aus rotem oder schwarzem Farbstoff.

Schreibpalette, 18. Dynastie (1559–1320 v. Chr.). Holz.

Jeder Schreiber besaß für gewöhnlich eine eigene hölzerne Schreibpalette, so wie diejenige auf dem Bild. An einem Ende sind zwei ovale Aussparungen für die Pasten aus rotem und schwarzem Farbstoff. In der Mitte ist ein längliches, oben abgeschrägtes Fach, das zur Aufnahme der Pinsel diente.

Die Hieroglyphe für Schreiber besteht aus einer kleinen Palette, einem Wassernäpfchen und einem Binsenpinsel. Dieselbe Hieroglyphe benutzte man für das Wort schreiben. Welches Wort gemeint ist, erkennst du am Determinativ, am Wortende. Schreiber endet mit einem sitzenden Mann. Schreiben endet mit einer verschnürten Papyrusrolle:

Ein junger Schreiber lernte sein Handwerk durch Abschreiben. Die Texte, die er abschrieb, waren manchmal Geschichten, manchmal Gedichte und manchmal auch aneinandergereihte Belehrungen darüber, wie man ein richtiges Leben führe. Ein großer Teil der uns erhaltenen ägyptischen Literatur stammt von den Abschriften der Schreiberlehrlinge. Manche dieser Abschriften sind unvollständig, Anfang, Mitte oder Ende fehlen. Andere zeigen Fehler in Grammatik und Rechtschreibung.

Wenn die Schreiber das Schreiben übten, dann schrieben sie auf billiges Material, nicht auf Papyrusblätter, deren Herstellung viel Zeit kostete und sehr mühsam war. So konnte ein Schreiber zum Beispiel eine Topfscherbe oder eine glatte Kalksteinplatte auflesen, die nichts kosteten.

Die Skizze, die du hier siehst, wurde wahrscheinlich von einem der Künstler angefertigt, die dabei waren, ein Königsgrab auszuschmücken. Das Quadratnetz wurde angelegt, damit der Zeichner die Hieroglyphen von der Skizze auf die Grabwand kopieren konnte, und zwar exakt, ganz so, wie wir heute Millimeterpapier benutzen, um Zeichnungen auf größere Flächen zu übertragen.

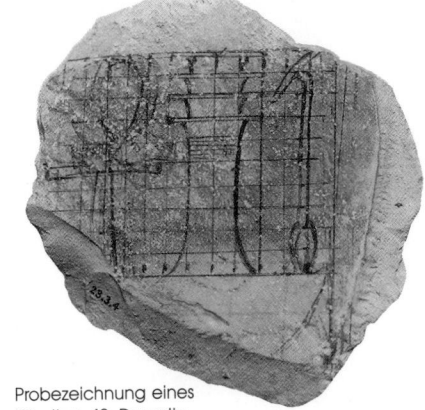

Probezeichnung eines Künstlers, 18. Dynastie (1559–1320 v. Chr.). Bemalter Kalkstein.

Die hölzerne Schreibtafel war ein weiterer billiger Schriftträger. Das Brettchen wurde mit weißer Tünche überzogen und vom Schreiber benutzt. Später konnte man die Oberfläche abschaben oder mit einer neuen Schicht übertünchen, und anschließend wieder beschreiben. Der Schreiber, der einst diese Tafel benutzte, hat Teile der Opferformel abgeschrieben. Obwohl seine Hieroglyphen leicht zu erkennen sind, sind die Formen unregelmäßig, ist die Raumaufteilung ungeschickt, so daß man annehmen möchte, daß dieser Schreiber noch nicht sehr erfahren war.

Bis jetzt hast du Beispiele ägyptischer Hieroglyphen gesehen, aber dies war nicht die einzige Art der Schrift, welche die Ägypter verwendeten. Wenn etwas schnell geschrieben werden sollte, oder wenn der Text nicht so formgebunden war wie eine offizielle religiöse Inschrift, dann schrieb der Schreiber hieratisch, eine Schrift, die unserer deutschen Schreibschrift entspricht.

Des Schreibers Schreibtafel. 11. Dynastie (2133–1991 v. Chr.). Holz, mit Gips überzogen.

Druckschrift und Schreibschrift

🦉 = ∠   🐦 = ∠

Wenn wir schreiben lernen, lehrt man uns zwei Arten der Schrift, die Schreibschrift und die Druckschrift. Schreibschrift läßt sich natürlich schneller schreiben als Druckschrift; weil aber jede Handschrift verschieden ist, kann es mühsamer sein, eine Schreibschrift zu lesen als eine Druckschrift.

Dasselbe gilt auch für die altägyptische Schrift. Die ägyptischen Schreiber schrieben nicht immer sorgfältig ausgeführte Hieroglyphen. Die hieroglyphische Schrift wurde im allgemeinen benutzt, um religiöse oder offizielle Denkmäler zu beschriften. Die Texte, die in die Tempelwände eingraviert oder auf die Grabwände gemalt wurden, sind nahezu immer hieroglyphisch. Manchmal wurden diese Hieroglyphen so sorgfältig ausgeführt, daß du die einzelnen Federn der Vögel erkennen kannst und die gewebten Muster bei den Körben.

Bedenke, ägyptische Schreiber hatten keine Stempel, Schreibmaschinen, Druckerpressen oder Fotokopiergeräte. Alles wurde mit der Hand geschrieben, und jede Hieroglyphe wurde einzeln auf-

Detailaufnahmen vom äußeren Sarg der Nephthys.
12. Dynastie (1991–1786 v. Chr.). Bemaltes Holz.

8 7 6 5 4 3 2 1

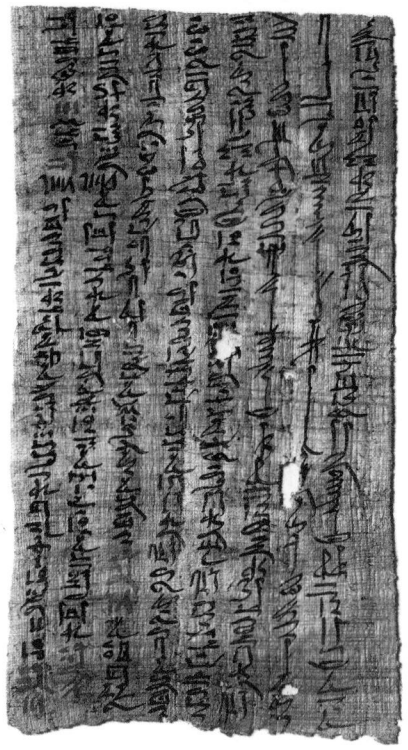

Brief. Späte 11. Dynastie
(2040–1991 v. Chr.). Papyrus.

gemalt oder eingraviert. Sogar ein guter, schneller Schreiber benötigte viel Zeit, um einen langen hieroglyphischen Text zu kopieren.

Wenn ein Schreiber weniger formgebundene Dokumente schrieb, zum Beispiel Listen über Steuereinnahmen oder Lohnzahlungen, dann benutzte er eine Art der Schrift, die hieratisch genannt wird. Diese Schrift ließ sich viel schneller schreiben, aber für uns ist sie schwerer lesbar, weil jeder ein wenig anders schrieb. Jedoch ist es möglich, einzelne Hieroglyphen in der hieratischen Schrift wiederzuerkennen.

Der Brief links wurde von einem Schreiber für einen Mann namens Hekanacht geschrieben. Der Brief erwähnt die Kornmengen, die er von seinen Landpächtern als Abgaben erwartete. (Die Ägypter benutzten kein Geld. Statt dessen zahlten sie mit Nahrungsmitteln, Stoffen oder Wein.) Auf den ersten Blick sieht der Brief wie ein sinnloses Gekritzel aus. Doch sieh ihn dir genau an, und du wirst erkennen, daß viele der verschnörkelten Schriftzeichen den Hieroglyphen ähneln. Vergleiche den hieratisch geschriebenen Brief links mit seiner hieroglyphischen Umschrift rechts, die von einem Ägyptologen angefertigt wurde. Versuche, ob du im hieratisch geschriebenen Brief die Eulen und die Wachtelküken entdecken kannst. Die Eule sieht so aus ƻ, und das Wachtelküken so ⌐.

Nach all dem wirst du dich wohl nicht mehr darüber wundern, daß wir bis heute nicht alle unsere Fragen über die altägyptische Schrift und Sprache beantworten konnten. Es ist schon erstaunlich genug, daß wir hieroglyphische Texte überhaupt übersetzen können. Unser Schlüssel für ihre Entzifferung wurde vor weniger als 200 Jahren von Mitgliedern der napoleonischen Ägyptenexpedition entdeckt.

Der hieratische Brief der S. 46, umgeschrieben in Hieroglyphen von einem Ägyptologen unserer Zeit.

Die Hieroglyphen werden entziffert

Die Lösung eines 1500 Jahre alten Rätsels

Der jüngste hieroglyphische Text, den man je gefunden hat, wurde im Jahre 394 n. Chr. geschrieben. Das war beinahe genau vor 1600 Jahren. Zu dieser Zeit gab es nur noch sehr wenige Leute, die das altägyptische Schriftsystem beherrschten, und als sie starben, starb mit ihnen die Kunst, Hieroglyphen zu lesen und zu schreiben.

Immer wieder, über Jahrhunderte hinweg, scheiterten diejenigen, welche die hieroglyphischen Texte auf riesigen Statuen oder Tempelwänden sahen, an der Entzifferung dieser Schrift. Sie scheiterten zum Teil deshalb, weil sie nicht begriffen, daß die meisten der Vögel, Pflanzen und Tiere, die sie sahen, Laute wiedergaben, die sich zu Wörtern verbinden ließen. Sie dachten, daß jede Hieroglyphe als ein Wort oder eine Vorstellung gelesen werden könnte. Die ersten „Übersetzungen" hieroglyphischer Texte waren oft sehr phantasievoll, aber völlig falsch.

Der bedeutendste Schlüssel zur Entzifferung der Hieroglyphen wurde im Jahre 1799 zufällig von einigen Franzosen entdeckt, die mit der Invasionsarmee Napoleons nach Ägypten gekommen waren. Während diese Männer mit Erdarbeiten zum Bau einer Festung bei der heutigen Stadt Raschid (auch bekannt als Rosetta) beschäftigt waren, förderten sie eine zerbrochene Stele zutage, welche mit Schriftzeichen bedeckt war. Diese Stele, die genau auf den 27. März 196 v. Chr. datiert werden kann, wird

„Stein von Rosetta" genannt. Sie ist wahrscheinlich die berühmteste ägyptische Inschrift, die jemals gefunden wurde. Mit Sicherheit ist sie die wichtigste. Vielleicht wunderst du dich, warum dieser arg beschädigte Stein einen solchen Wert besitzt. Er ist kein bedeutendes Kunstwerk. Sein Material, Basalt, gilt nicht als wertvoll. Der Erlaß, der auf diese Stele geschrieben wurde, ist weniger bedeutend als viele andere. Der Wert liegt in der

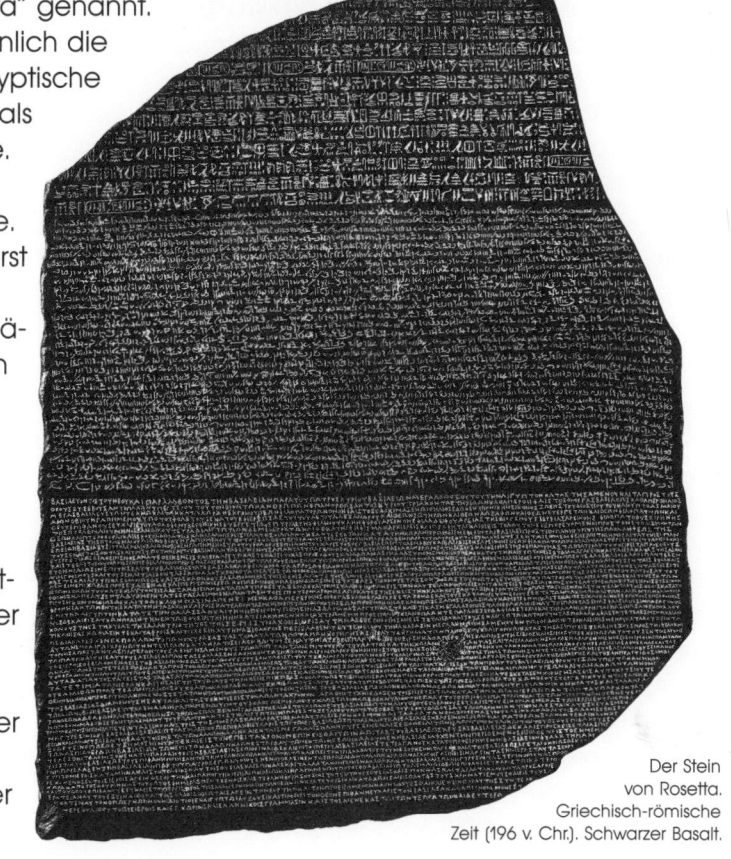

Der Stein von Rosetta. Griechisch-römische Zeit (196 v. Chr.). Schwarzer Basalt.

Schrift selbst. Der Erlaß wurde nämlich in mehr als nur einer Sprache geschrieben.

Wenn du den Stein betrachtest, wirst du sehen, daß er in drei verschiedene Abschnitte eingeteilt wurde. Der obere Abschnitt ist in Hieroglyphen geschrieben, welche zu der Zeit noch benutzt wurden, um offizielle Dokumente und religiöse Texte niederzuschreiben. Der mittlere ist in einer Schrift geschrieben, die man Demotisch nennt. In dieser Schrift schrieb man eine späte Stufe der altägyptischen Sprache, die zu jener Zeit gesprochen wurde. Der untere Abschnitt ist in Altgriechisch geschrieben, weil im Jahre 196 v. Chr. viele Griechen in Ägypten lebten, von denen die meisten wohl weder Hieroglyphen noch Demotisch lesen konnten. (Die Ptolemäer, die zu dieser Zeit in Ägypten herrschten, waren nach Alexander dem Großen an die Macht gekommen, der das Land 332 v. Chr. erobert hatte. Obwohl sie Ägypten schon seit über 100 Jahren regierten, hatten sie ihre griechische Lebensart und Sprache nicht aufgegeben.)

Im Jahre 1799 konnte niemand mehr Hieroglyphen oder Demotisch lesen, aber Altgriechisch wurde in den Schulen gelehrt, und so konnte die griechische Inschrift des Steines von Rosetta übersetzt werden. Wichtiger noch, den Gelehrten war er nun möglich, die Namen von Personen und Orten im griechischen Text zu finden und anschließend zu versuchen, dieselben Namen im ägyptischen Text zu finden und sie zu vergleichen.

Unglücklicherweise dachten die ersten dieser Gelehrten immer noch, daß die Hieroglyphen eine Art Bilderschrift wären, in der jedes Schriftzeichen ein ganzes Wort oder eine Vorstellung wiedergeben würde. Erst im Jahre 1814 erkannte ein Engländer namens Thomas Young, daß viele Hieroglyphen dazu benutzt werden konnten, ein Wort lautlich wiederzugeben. (In den meisten Fällen konnte Young die Wörter nicht verstehen, wußte nicht einmal mit Sicherheit, welche Lautwerte die Hieroglyphen besaßen, aber er war auf der richtigen Spur.) Young bewies auch, daß die Hieroglyphen in den Kartuschen den Namen eines Königs oder einer Königin wiedergaben.

In einem Zeitraum von mehr als 20 Jahren nach der Entdeckung des Steines von Rosetta versuchten viele, das Altägyptische zu erschließen. Der Mann, dem es endlich gelang, war ein hochbegabter junger Franzose namens Jean-François Champollion. Als Kind schon hatte Champollion begonnen, sich für das Altägyptische zu interessieren, und er war entschlossen, die Sprache zu enträtseln. Als Vorbereitung dafür lernte er viele Sprachen, darunter Koptisch, Arabisch und Hebräisch, die allesamt (vor allem das Koptische) mit dem Altägyptischen eine gewisse Verwandtschaft haben. Nach und nach fand Champollion heraus, welche Hieroglyphen welche Laute wiedergaben. Er erkannte, daß 24 Hieroglyphen alphabetisch waren, daß sie also nur für einen einzigen Laut standen (das sind diejenigen, die zu diesem Spiel gehören). Die anderen gaben mehrere Laute wieder oder wurden als Determinative benutzt. (Schon Thomas Young hatte vorgebracht, daß es verschiedene Arten von Hieroglyphen gab, aber bei ihrer Bestimmung gelangte er nie so weit wie Champollion.)

Im Jahre 1822, im Alter von 31 Jahren, wurde Champollion der erste Mensch der Neuzeit, der die hieroglyphische Schrift wirklich entziffern konnte. Dadurch war er nach fast 1500 Jahren der erste, der lesen konnte, was die alten Ägypter über sich und ihre Welt geschrieben hatten.

Kannst du diese Namen lesen?
(Die Lösung steht auf Seite 63)

Namen waren die ersten Wörter, die Young und Champollion lesen konnten. Probiere einmal, ob du die ägyptischen Namen richtig zuordnen kannst. Denke daran, du wirst nicht alle Selbstlaute (Vokale) unter den Hieroglyphen wiederfinden.

Nefret (Frauenname)

Teti (Königsname)

Metschetschi (Männername)

Pepi (Königsname)

Pianchi (Königsname)

Neferhetep (Männername)

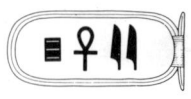

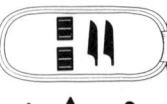

Hieroglyphen und Magie
Mehr als das Auge sehen kann

Obwohl Hieroglyphen Laute wiedergeben (und manchmal ganze Wörter), vergaßen die Ägypter nie, daß Hieroglyphen auch Bilder waren, und zwar von Tieren, Pflanzen und anderen Dingen dieser Welt. In bestimmten Epochen der ägyptischen Geschichte haben die Schreiber die Hieroglyphen der Tiere anscheinend so behandelt, als könnten sie auf magische Weise lebendig werden. An einigen Stellen ließen sie die Beine der Vögel aus, vielleicht, damit sie nicht fortlaufen könnten (genau wissen wir das nicht).

An anderen Stellen haben die Schreiber anscheinend versucht, gefährliche Tiere zu „töten", damit diese Tiere dem Verstorbenen im jenseitigen Leben nicht schaden könnten. So wurde zum Beispiel manchmal der Kopf der giftigen Hornviper abgeschnitten. An anderen Stellen wurde auf ähnliche Weise die Kobra unschädlich gemacht.

Die Ägypter benutzten einige Hieroglyphen auch als Amulette oder Glücksbringer, so wie wir heute vielleicht einen Glückspfennig. So ist zum Beispiel das Wedjat-Auge, oder „Auge des Horus", ein magisches

Detailaufnahme vom Sarg des Menkabu.
Wahrscheinlich 11. Dynastie (2133–1991 v. Chr.). Holz.

Mittel zur Erhaltung der Gesundheit, das häufig in ägyptischen Kunstwerken und Schmuckstücken erscheint (👁). Der Gott Horus wird für gewöhnlich als ein Mann mit Falkenkopf dargestellt. Die Linien unter dem eigentlichen Auge geben vielleicht die Zeichnung des Falkenauges wieder.

Nach einem ägyptischen Mythus verlor Horus eines seiner Augen in einem großen Kampf. Die Stücke des Auges wurden von dem Gott Thot (der meist als Mann mit dem Kopf eines Ibis-Vogels dargestellt wird) wiedergefunden; Thot fügte die Teile magisch zusammen und heilte das Auge. Das Wort wedja bedeutet heil sein, und das Wedjat-Auge war ein magisches Mittel zur Erhaltung der Gesundheit. Die beiden Augen des Horus wurden auf die linke Seite vieler rechteckiger Särge aufgemalt. Während der Zeit, in der dieser Sargtyp im Gebrauch war, wurde der Körper des Verstorbenen auf seine linke Seite in den Sarg gelegt. Wir nehmen an, daß die Ägypter glaubten, der Verstorbene könne durch die aufgemalten Augen aus dem Sarg herausschauen.

Äußerer Sarg der Nephthys. 12. Dynastie (1991–1786 v. Chr.). Bemaltes Holz.

Ein weiteres sehr gebräuchliches Amulett ist der Skarabäus, ein Käfer (🪲). Diese kleinen Geschöpfe werden auch Mistkäfer genannt, weil sie erstaunlich große Kugeln aus Mist formen, wenn sie ihre Eier ablegen. Die Ägypter haben wohl häufig beobachten können, wie diese kleinen Käfer die für sie riesigen Mistkugeln auf dem Boden vor sich her schoben. In der ägptischen Mythologie war es ein Skarabäus, der die Sonne an den Himmel schob, wenn sie bei Tagesanbruch aufging. Als Hieroglyphe gab der Mistkäfer auch die Laute des ägyptischen Wortes entstehen wieder (so wie scheinbar die Sonne bei jedem Aufgang neu entsteht). Wahrscheinlich wegen seiner Bedeutung als Hieroglyphe galt der einzelne Skarabäus als ein sehr wirksames Amulett, und Hunderttausende, wenn nicht gar Millionen von Skarabäen wurden von den alten Ägyptern nachgebildet; man findet sie heute überall auf der Welt in den Museen.

Skarabäen werden manchmal sogar bei der modernen Schmuckherstellung verwendet, und vielleicht hast du sie schon auf Anstecknadeln oder Armbändern gesehen. Eine andere ägyptische Hieroglyphe, die manchmal bei der modernen Schmuckherstellung verwendet wird, ist das Anch-Zeichen ☥. In der altägyptischen Sprache hat das Wort anch die Bedeutung leben, und diese Hieroglyphe erscheint oft in den ägyptischen Wandmalereien, auf Särgen und im antiken Schmuck. Wenn du ein Schmuckstück mit einem Skarabäus oder Anch-Zeichen besitzt und es anlegst, dann trägst du ein sehr altes ägyptisches Amulett, das dazu bestimmt war, jeden zu beschützen, der es trug.

Zahlen, ägyptische Zeitrechnung

500 000 + 500 000 = 𓀠

Wie für die Menschen aller anderen Kulturvölker war auch für die alten Ägypter das Zählen wichtig. Sie benutzten Zahlen zur Vermessung ihrer Felder, zur Anlage von Inventarlisten, zur Berechnung von Abgaben, zum Bau von Tempeln, Gräbern und Häusern. Ebenso wie unser Zahlensystem basierte auch das ihre auf der Zahl 10. Anstatt aber verschiedene Symbole für die Zahl 1 bis 9 einzuführen, benutzten die Ägypter eine Hieroglyphe für 1, eine für 10, eine für 100 usw. Diese werden unten vorgestellt.

ZAHL	HIEROGLYPHE	HIEROGLYPHE ALS BILD
1	𓏤	Strich
10	𓎆	Schlinge zum Anbinden der Tiere
100	𓍢	Schiffstau
1000	𓆼	Lotusblume
10 000	𓂭	Finger
100 000	𓆐	Kaulquappe
1 000 000	𓀠	Kniender Gott mit tragend erhobenen Armen

Eine Hieroglyphe wird so oft wie nötig wiederholt, um die Zahlen von 1 bis 9, von 10 bis 90 usw. darzustellen.

Die Zahl sieben würde so geschrieben:

$$||||\,||| = 7$$

Die Zahl fünfundzwanzig würde auf diese Weise geschrieben:

$$\cap\cap\,|||\,|| = 25$$

Die Zahl einhundertdreiundvierzig wäre:

$$\rho\cap\cap\cap\cap\,||\,| = 143$$

Das Datum 1066 würde so geschrieben:

$$\mathparagraph\cap\cap\cap\cap\cap\cap\,|\,|\,| = 1066$$

Kannst du diese Zahlen in arabischen Ziffern schreiben?

(Die Antworten stehen auf Seite 63.)

Ordne diese Hieroglyphen den Zahlen richtig zu.
(Die Antworten erscheinen auf Seite 63.)

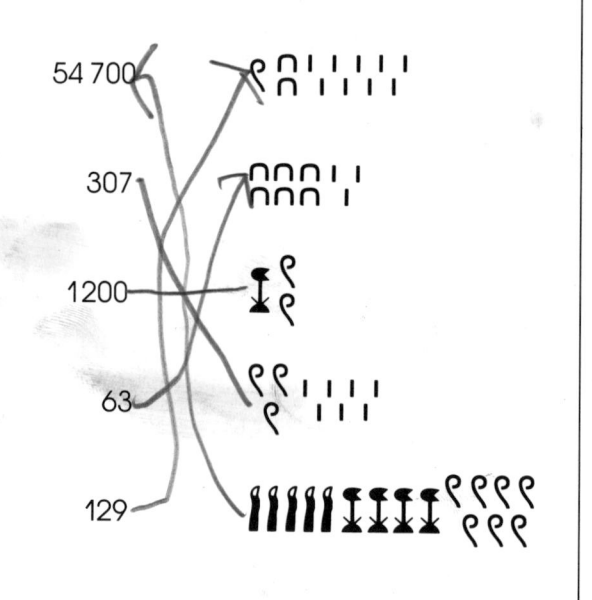

- 54 700
- 307
- 1200
- 63
- 129

Die Zahlen, die du am häufigsten in den ägyptischen Texten findest, sind der Strich (ı), der für 1 steht; die Schlinge (∩), die für 10 steht; und die Lotusblüte (⌡), die für 1000 steht. Die ersten beiden findet man häufig in Datierungen. Die Ägypter begannen immer wieder mit dem Jahr 1 zu zählen, wenn ein neuer König den Thron bestieg. Sieh dir zum Beispiel die Zeile der Hieroglyphen auf der nächsten Seite an. (Denke daran, du mußt in die Blickrichtung der Vögel sehen und dort beginnen.)

Detailaufnahme der Stele des Menthu-weser. 12. Dynastie (ca. 1963 v. Chr.). Bemalter Kalkstein.

Der Name des Königs, Cheper-ka-Ra, befindet sich in der Kartusche in der Mitte der Zeile. Das Datum siehst du am Anfang der Zeile, rechts. Die ersten beiden Hieroglyphen, die lange und die runde, stehen für das Wort Jahr, und ihnen folgt eine Zahl. Dieser Text wurde geschrieben im Jahre 17 (∩|¦|¦|) des Königs Cheper-ka-Ra, „er lebe ewig". Natürlich lebten oder regierten die Könige nicht ewig. Nur wenige Pharaonen regierten mehr als ∩∩ (20) oder ∩∩∩ (30) Jahre lang, und viele regierten weniger als ∩|¦|¦| (15) Jahre.

Die längsten Herrschaftsdaten, die wir von einem ägyptischen Pharao besitzen, sind beinahe unglaublich. Sie wurden unter der Regierung Pepi II. verzeichnet, der am Ende des Alten Reiches lebte, vor über 𓆼𓆼𓆼𓆼 (4000) Jahren. Pepi regierte mindestens 𓏺𓏺𓏺𓏺𓏺𓏺𓏺𓏺𓏺|| (94) Jahre, das ist die längste Regierungszeit, die auf der Welt je für einen Herrscher verzeichnet wurde. Da er mindestens ||| (6) Jahre alt war, als er König wurde, muß Pepi ein Lebensalter von ℓ (100) Jahren erreicht haben.

Die Ägypter wollten sicher sein, daß sie nach ihrem Tode von allem Nötigen genug besäßen. Deshalb ließen sie Opfertexte auf ihre Särge und Grabwände schreiben, welche all das auflisteten, was sie am meisten benötigten. Dazu gehörten Brot, Bier, Fleisch von Rindern und Vögeln, Stoffe und Steingefäße für Öle und Parfüme. Um sicher zu sein, daß ihnen nichts davon ausginge, ließen sie oft die Zahl 𓆼 (1000) vor jede Opfergabe schreiben.

Dieses Foto zeigt den Edelmann Metschetschi (𓅓𓊃𓏤), der vor einem Tisch voller Opfergaben sitzt. Auf dem Tisch sind Brotlaibe. (Sie sehen wie Federn aus, aber es sind in Wirklichkeit halbierte Brote.) Vor dem Tisch sind die gewöhnlichen Opfergaben, die jeder Verstorbene für das Leben nach dem Tode benötigt. Zuerst kommt Brot, darunter dann eine andere Sorte Brot und ein Krug Bier. Über dem Tisch sind Vieh, Geflügel, Alabaster und Leinenstoff. Metschetschi erhält 𓆼 (1000) von jedem.

Detailaufnahme der Scheintür des Metschetschi. 6. Dynastie (2345–2181 v. Chr.). Kalkstein.

LÖSUNGEN DER RÄTSEL UND SPIELE

SEITE 12

Teich
Buch
Strauch
Knecht
Loch

SEITE 20

SEITE 19

an	
Katze	
zu	
Motor	
Käse	
Kuß	
Essen	
Mappe	
Baum	
Sport	
Kinn	
Wachs	
Hund	
Tip	
Zucker	

SEITE 26

= Josef

= Petra

= Marianne

= Toni

= Christine

= Eduard

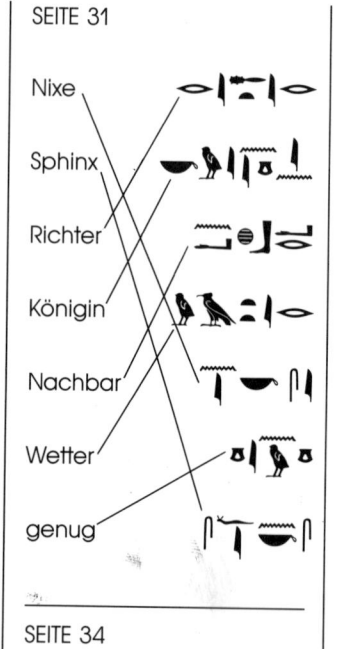

SEITE 31

Nixe
Sphinx
Richter
Königin
Nachbar
Wetter
genug

SEITE 34

Wenn du diese Nachricht lesen kannst, dann stemple selbst eine Nachricht.

SEITE 37

1. Mississippi (Fluß)
2. Berlin
3. Gebäude
4. Gans
5. Daniel
6. Daniela
7. laufen
8. Markus
9. Markt
10. reden
11. Hagen (Stadt)
12. Hagen (Name)
13. Heft
14. Tag
15. pfeifen
16. gehen
17. Sahne
18. sehen
19. rennen
20. Moskau
21. viel (oder viele)
22. singen
23. New York
24. Paris

SEITE 52

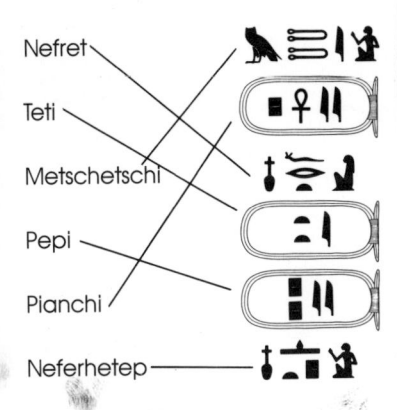

- Nefret
- Teti
- Metschetschi
- Pepi
- Pianchi
- Neferhetep

SEITE 58

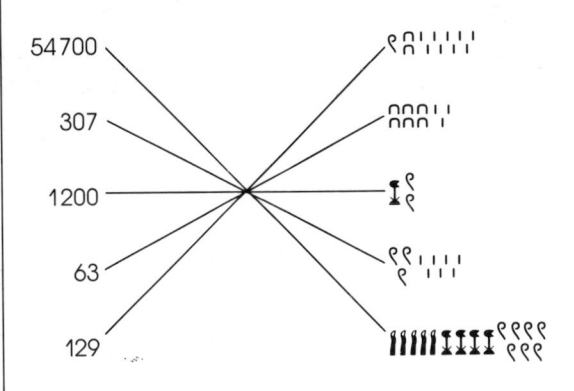

- 54 700
- 307
- 1200
- 63
- 129

SEITE 57

𓏺𓏺𓏺 𓎇𓎇𓎇 𓏺𓏺	= 1492
𓏺𓏺 𓎇𓎇𓎇 𓏺𓏺𓏺	= 365
𓎈𓎈𓎈𓎈𓎈 𓏺𓏺𓎇𓎇𓎇𓎇	= 5280
	= 1121239

SEITE 64–65

Inzwischen, so hoffen wir, verstehst du schon genug von Hieroglyphen, um die Stempel dieses Spiels mit Vergnügen zu benutzen. Wenn du demnächst einmal irgendwo hieroglyphische Schrift siehst, schau sie dir genau an. Vielleicht wirst du dich wundern, wie viele Hieroglyphen du schon kennst. Versuche in der Zwischenzeit, dieses Kreuzworträtsel zu lösen. Finde heraus, welche Hieroglyphen zu benutzen sind, indem du jedes Wort lautgetreu aussprichst; dann stempele die Hieroglyphen in die Quadrate.
(Auflösung auf Seite 63.)

WAAGERECHT
2. Auf
4. Maus
5. Ab
6. In
7. An
8. Edi
9. Tor
10. Not

SENKRECHT
1. Man
2. As
3. Ob
4. Mist
5. Anno
8. Er

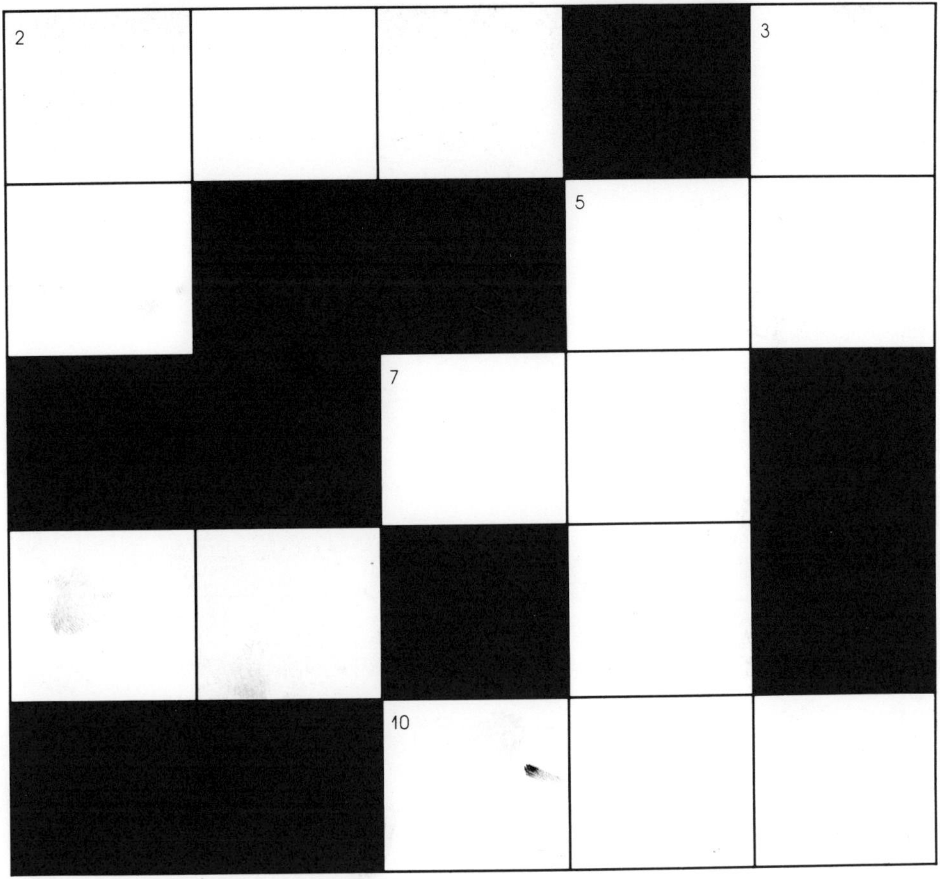
2
3
5
7
10